PÉTITION

ADRESSÉE

À L'ASSEMBLÉE NATIONALE

PAR

M. P. DE MONTGAILLARD

Administrateur de la *Compagnie générale fluviale et maritime*

EN FAVEUR

De la Navigation intérieure

et de l'Industrie des Transports par eau

———— ·—‹◦◦›—· ————

PARIS

IMPRIMÉ CHEZ ALCAN-LÉVY

61, RUE DE LAFAYETTE

—

1871

PÉTITION

ADRESSÉE

A L'ASSEMBLÉE NATIONALE

EN FAVEUR DE LA NAVIGATION INTÉRIEURE

ET DE L'INDUSTRIE DES TRANSPORTS PAR EAU

Paris, le 24 juin 1871.

MESSIEURS LES DÉPUTÉS,

Si, après les désastres et les malheurs qui viennent d'accabler notre malheureuse patrie, il est une préoccupation à avoir, c'est assurément et avant tout, non-seulement de travailler à la régénération morale de la nation, mais encore de songer à panser ses plaies matérielles, à relever son industrie, son commerce, à protéger l'agriculture, à lui rendre enfin, non cette prospérité factice et de mauvais aloi des vingt dernières années, mais une prospérité vraie, durable, sérieuse.

Aussi nous nous adressons à vous avec la plus entière confiance, au nom d'une industrie jusqu'à présent indignement sacrifiée et qui, cependant, par son importance capitale, est la base de toutes les autres :

C'est l'industrie des transports par eau.

C'est la question de la navigation intérieure que nous vous soumettons.

Sous le dernier gouvernement, les chemins de fer ont reçu une impulsion énergique et vertigineuse. Chaque département voulait avoir ses chemins de fer... on allait créer le quatrième réseau...

Jusqu'à quelle catégorie de réseaux serait-on allé? On n'en sait, ma foi! rien...

Du reste, cette tactique avait sa raison d'être, au point de vue politique, des élections surtout, et Dieu sait si on en a abusé.

Cependant, tout en reconnaissant :

Que le bon état de la navigation intérieure, c'est-à-dire de l'instrument par excellence du transport à bon marché, est une des premières nécessités économiques du pays ;

Que l'agriculture souffre souvent de l'insuffisance de débouchés, et que les voies navigables peuvent seules remédier à ce malaise ;

Que depuis les traités de commerce, certaines de nos industries, qui n'étaient protégées que par les tarifs douaniers contre la concurrence étrangère, ne pouvaient plus lutter sans le secours des canaux et des rivières, c'est-à-dire des transports à bon marché ;

Que pour les industries houillères et métallurgiques, les voies navigables, leur extension, leur développement, leur amélioration, étaient des questions vitales, des questions *sine qua non* de progrès et de prospérité ;

Pendant ce, dis-je, on nous faisait de belles phra-
ses, de belles promesses, et puis rien, ou presque
rien : des crédits insuffisants, des travaux partiels; et
malgré les réclamations incessantes de l'agriculture
et de l'industrie, malgré les énergiques et courageuses
paroles de l'honorable M. Pouyer-Quertier et de quelques-uns de ses collègues, on laissait les chemins de
fer faire une concurrence *déloyale* aux entreprises de
navigation qui subsistaient encore.

Comme on le disait au Sénat, c'était l'âge de fer...
et après viendrait l'âge des eaux...

Nous ne le voyons pas, hélas ! arriver bien vite, cet
âge des eaux ! et nous venons, Messieurs, vous prier
d'accueillir favorablement les réclamations si justes
et si vraies que nous vous adressons.

Nous avons besoin de votre concours ; et comme
notre cause est intimement liée non-seulement à la
prospérité intérieure du pays, mais encore à l'accroissement de nos relations extérieures et de notre
marine marchande, nous sommes persuadés de trouver auprès de vous aide et protection contre nos in-
justes et déloyaux ennemis, les chemins de fer.

Je m'appuie sur les paroles de M. J. Brame, député
du Nord en 1866 :

« Je dois dire que le chemin de fer l'emporte tou-
« jours sur le canal. Les sollicitations dont les gran-
« des compagnies viennent assaillir à chaque instant
« l'État doivent l'emporter sur les justes réclamations
« qui lui sont adressées par les timides et pauvres
« représentants de la batellerie. »

C'est l'exacte vérité.

Les Compagnies de chemins de fer représentent un capital de plus de neuf milliards. Elles réalisent des recettes qui s'élèvent annuellement à plus de 600 millions, dont le tiers, 200 millions, est dépensé en traitements, en salaires, en travaux, en fournitures.

Les administrateurs et directeurs des Compagnies sont presque tous des hommes considérables par leur argent ou leur position sociale.

Ils sont reçus les premiers dans les bureaux des ministères, et les portes fermées pour nous, humbles industriels, s'ouvraient toutes grandes devant eux.

La presse, ordinairement si dure pour ceux qui ne peuvent lui être utiles à rien, est pleine de sympathie et d'indulgence pour les Compagnies de chemin de fer.

Permettez-moi, Messieurs, de vous dire avant tout, que je n'entends nullement attaquer l'établissement des chemins de fer. Il serait insensé à tout homme de sens de contester les immenses services qu'ils ont rendus à l'agriculture, à l'industrie et au commerce ; jamais capital n'a été si bien employé, et il arriverait que les actions et les obligations des chemins de fer ne rapporteraient pas un centime, que la France ne devrait pas regretter les sommes énormes et les milliards qu'elle a immobilisés dans ces entreprises. Ce que j'attaque dans les chemins de fer, ce sont les hommes qui les dirigent, c'est leur organisation commerciale. leur omnipotence absolue, le peu de souci qu'ils prennent de satisfaire les besoins et les exigences nouvelles du trafic, sûrs qu'ils ont été, jusqu'à présent, d'attirer à eux ce trafic impuissant à trouver d'autres voies régulières de transport.

Je le dis tout haut, sans crainte d'être contredit, les chemins de fer ont mécontenté depuis quelques années le monde des affaires. Prévoyant qu'un jour, cette batellerie fluviale, que pendant un certain temps ils ont fait disparaître ou à peu près, renaîtrait d'une vie nouvelle et puissante par la force des choses, ils n'ont pas hésité à se servir d'expédients contraires à la fois et à la justice et à l'esprit de leurs cahiers des charges, pour lui faire une guerre acharnée, soit par les tarifs différentiels, soit par les tarifs de détournement et à vol d'oiseau, soit enfin par des traités secrets violant leurs tarifs au profit de quelques privilégiés.

Il est inutile de revenir sur l'injustice criante des tarifs différentiels et de détournement ou à vol d'oiseau : nul de vous n'ignore ce que sont ces tarifs livrés pour ainsi dire à l'arbitraire des Compagnies, et qui ne sont basés que sur ce principe : « Tuer tout « ce qui vit autour de nous, pour vivre seuls, maîtres « d'imposer notre volonté. »

Un seul exemple suffira pour vous démontrer, Messieurs, l'iniquité de pareilles manœuvres.

De Bordeaux au Havre la distance est de 810 kilomètres.

Le tarif commun des vins, des Compagnies d'Orléans et de l'Ouest, de Bordeaux au Havre, est de 30 fr. par tonne pour 810 kilomètres.

De Bordeaux à Paris, la distance n'est que de 583 kilomètres, et le tarif des mêmes vins est de 37 fr.

Soit **7** *francs de plus* par tonne, *pour* **227** *kilomètres de moins* !

Et pourquoi cette différence étrange et anormale, c'est que la Compagnie du chemin de fer d'Orléans et celle de l'Ouest ont voulu tuer le cabotage entre Bordeaux, le Havre et Rouen, et la batellerie de Rouen à Paris !

Quant aux traités secrets si formellement interdits par les cahiers des charges, ils sont encore nombreux, quotidiens, dirai-je même, mais les Compagnies sont assez habiles pour les dissimuler.

Cependant, en 1866, au Corps législatif, on a relevé le fait de la Compagnie du Nord condamnée à payer 185,000 fr. de surtaxes. Le commerce s'est ému, il y avait de quoi, avouez-le.

Voici d'abord le relevé des condamnations prononcées contre la Compagnie du Nord par le tribunal de commerce de la Seine, en audience du 17 avril 1866. Elles sont au profit de seize négociants, et les détaxes, se rattachant toutes à des transports d'huiles effectués depuis 1852, se répartissent comme ci-après :

MM. Weiller, à Strasbourg, 1,360 fr. 40 c. — Denniel, à Paris, 7,293 fr. 55 c. — Marchand-Lebreton, à Paris, 4,400 fr. 35 c. — Walter-Passavant et Ce, à Strasbourg, 2,222 fr. 10 c. — Desmarais, à Paris, 3,722 fr. 05 c. — Lauciau, à Paris, 7,827 fr. 58 c. — Potier, à Paris, 65,395 fr. 38 c. — Gibert, à Paris, 1,821 fr. 45 c. — Perrin, à Paris, 18,472 fr. 80 c.

— Deriencourt, à Paris, 12,086 fr. 92 c. — Jumel, à Paris, 4,814 fr. 89 c. — Balli, à Paris, 26,114 fr. 47 c. — Bloch, à Paris, 9,686 fr. 90 c. — Bablot, à Paris, 7,192 fr. 08 c. — Mariage, à Paris, 4,252 fr. 20 c. — Pastel-Grusse, à Versailles. 8,498 fr. 67 c.

Total : 185,161 fr. 79 c.

Le jugement est motivé sur ce que la Compagnie du Nord, en violation du principe d'égalité des expéditeurs devant les tarifs, en a favorisé un au détriment de tous. En équité, on ne saurait tolérer aux chemins de fer deux poids et deux mesures. et leur permettre d'enrichir Pierre aux dépens de Paul. De tels abus ne sont pas seulement regrettables, ils sont immoraux, ils sont redoutables, et la justice ne saurait les atteindre, les réprimer et les punir trop sévèrement.

Eh quoi ! il pourrait dépendre autrement du bon plaisir des Compagnies de ruiner à leur gré tel ou tel négociant, telle ou telle industrie, telle ou telle localité, et ce pour l'unique agrément de quelques privilégiés ? Allons donc ! de pareilles prétentions ne sont pas soutenables, et nos tribunaux sont heureusement là pour le prouver.

Nous n'oserions jurer qu'il soit encore des juges à Berlin, — mais il en est assurément à Paris, — et le jugement en question est un de ceux qui honorent au plus haut point notre justice consulaire.

Si je ne craignais d'être trop long, je vous mettrais sous les yeux le jugement du tribunal de commerce de Rouen, audience du 27 juillet, présidence de M. Duvivier, au profit du sieur Larget. entrepreneur de transports par eau, contre les Compagnies de la Méditerranée et de l'Ouest,

10,000 francs à titre de dommages et intérêts pour le fait de *concurrence illicite.*

(*Journal du Hâvre*, du 28 juillet 1864.)

Jugement identique de la Cour de Paris, 29 décembre 1868, contre les Compagnies de l'Est, du Nord et de l'Ouest.

(*Gazette des tribunaux*, 1er janvier 1869.)

Enfin les exemples sont trop nombreux et le cadre de cette pétition trop restreint pour que je puisse vous en citer beaucoup. Il me suffit de vous en faire connaître quelques-uns seulement.

J'espère que vous êtes édifiés sur la façon dont les Compagnies de chemins de fer exécutent les clauses de leurs cahiers des charges.

Par la manière dont ils sont constitués en France, les chemins de fer ne sont point des entreprises privées, mais des entreprises publiques, de véritables services administratifs, auxquels l'Etat a le droit et le devoir d'imposer les règlements qu'il juge le plus conformes à l'intérêt commun et à l'utilité générale.

En effet, les subventions ne leur ont point manqué :

La Compagnie d'Orléans a reçu par kilomètre..................................... 142,000 fr.

La Méditerannée 111,000

L'Ouest............................ 134,000

L'Est.............................. 122,000

La Compagnie de Lyon-Méditerrannée avait reçu,

en 1858, de l'Etat et des communes un ensemble de subventions de 260 millions de francs, soit au moyen des intérêts de cet énorme capital une subvention de 13 millions par an, soit 1,100,000 francs par mois.

Et cette Compagnie qui fait tout, emploie toutes sortes de moyens illicites pour *ruiner les entreprises de navigation rivales*, aurait la prétention de s'assimiler à une industrie privée qui ne doit rien qu'à elle-même?

Cela ne saurait être.

Le Gouvernement a le pouvoir, le droit, l'obligation de veiller à ce que, par les fusions incessantes, par les développements de réseaux et le monopole dont elles sont investies, les Compagnies de chemins de fer ne se constituent pas entre elles en coalitions formidables et ne menacent pas ainsi d'une façon sérieuse les intérêts industriels et commerciaux du pays.

La loi sévit contre les *coalitions* des entreprises de transports par eau et reste désarmée devant l'omnipotence insolente des chemins de fer, devant leurs exigences et leur mauvaise foi inqualifiable, car ils ne reculent devant rien pour anéantir cette batellerie si pauvre et si courageuse... et qui ne succombera pas, nous en avons le ferme espoir.

Je m'étonne, en présence de cette guerre acharnée, entreprise par les chemins de fer contre la batellerie, je m'étonne, dis-je, que des hommes intelligents ou qui passent pour tels, directeurs ou administrateurs des grandes Compagnies, aient pu tomber dans une erreur économique aussi grossière ; et je ne puis mieux les confondre qu'en plaçant sous leurs yeux l'exemple de la Prusse, de la Belgique, de l'Angleterre et des États-Unis surtout, qui ont développé côte à côte, et ce, au plus grand profit de leur industrie et de leur commerce, ces deux éléments de transport qui, dans notre pays, se font une guerre insensée.

Ils ne comprennent donc pas que la batellerie, bien organisée, lancerait dans la circulation bien des matières une masse énorme, actuellement frappées d'inertie.

Ces matières amenées, grâce aux bas prix des transports, dans les usines de fabrication, que jusque-là elles n'avaient pu atteindre, se transformeraient en produits fabriqués, et provoqueraient ainsi un développement de contre-valeurs, une circulation de *retours*, qui, la plupart du temps, profiteraient aux chemins de fer.

En outre, le mouvement des personnes, suivant le mouvement des choses, le nombre des voyageurs croîtrait infailliblement dans une proportion considérable.

C'est ce qui se passe en Angleterre, en Prusse, surtout aux États-Unis... Ce sont des faits, des statistiques contre lesquels ne peuvent prévaloir les sophismes des directeurs, administrateurs de chemins de fer.

Quant à nous, nous déclarons formellement que ni les voies ferrées, ni la batellerie ne peuvent résoudre isolément la question des transports à bon marché; que chacun d'eux a une mission parfaitement distincte, et que ce n'est que dans une concurrence pacifique et réglée que se trouve cette solution des transports à bas prix, réclamée avec tant d'énergie par l'industrie, le commerce, l'agriculture, et enfin l'armement maritime, qui ne peut recevoir que de la batellerie fluviale, son alliée naturelle, le gros fret de sortie dont elle manque presque continuellement, grâce aux tarifs élevés des chemins de fer.

Pour les chemins de fer, le prix de revient de transport, prix coûtant, prix d'exploitation, est de deux centimes neuf millimes.

Leur tarif moyen est de cinq centimes neuf millimes, et pour y arriver, il faut faire entrer dans le tonnage les marchandises lourdes et encombrantes, houilles, minerais, pierres, matériaux de construction, etc., car s'il ne s'agissait que de marchandises vraiment commerciales, venant de l'Inde ou du Japon, la moyenne s'élèverait à onze centimes et demi.

La navigation, au contraire, présente une moyenne de un centime sept millimes, qui doit diminuer encore à un centime cinq millimes, et par l'amélioration des voix navigables et par la création du matériel perfectionné que l'on ne manquera pas de créer, dès que les voies navigables pourront être utilisées, materiel déjà étudié et expérimenté.

Au moment de la guerre, l'Angleterre cherchait à passer des marchés pour acheter et amener chez elle les pierres admirables des carrières du haut Rhône, Villebois, Crémieux et autres.

Les pierres anglaises se détériorent par suite de l'humidité, elles se dégradent et finissent par devenir de la pâte molle, tandis que la pierre de Villebois est une pierre magnifique, c'est presque du marbre, qui, en Angleterre, donne des résultats excellents. Des essais ont déjà été faits.

Eh bien, c'est *par la navigation seule* que l'on peut arriver à amener ces pierres à Rouen dans des conditions possibles ; et il ne s'agit pas de petites quantités, on ne parle rien moins que de cinquante ou soixante mille tonnes.

Autre exemple :

Je prendrai le port de Marseille.

Croyez-vous que, si les tarifs des chemins de fer n'étaient pas aussi élevés, si le Rhône était amélioré, et si la batellerie avait un matériel intelligent et économique, la marine marchande ne trouverait pas constamment, et en quantités indéfinies, du fret de sortie en houille, sels, pierres de taille, chaux hydraulique, bois, vins, fers, etc., etc.; que, par contre et par les mêmes raisons, cette même marine ne trouverait pas du fret de retour en assez grande quantité, des chargements complets, en un mot, composés de céréales, soufres, laines, cotons, bois des îles et autres minerais, huiles oléagineuses, etc., etc. ?

Le doute à ce sujet n'est pas permis, si l'on veut se donner la peine de voir ce que le bassin de la Loire peut exporter de charbon dans la Méditerranée. Le bassin de la Loire produit annuellement un million six cent mille tonnes de charbon, il en consomme environ huit cent mille, il reste huit cent mille tonnes qui peuvent être exportées.

Le chemin de fer de Saint-Étienne à Givors prenait

pour le transport de ces houilles *huit centimes par tonne et par kilomètre*, sous peu il ne prendra plus que cinq centimes, *par force, il est vrai* !!

Mais une fois arrivé à Givors, que se passe-t-il? c'est que le charbon de la Loire pour aller dans la Méditerranée a à supporter des frais de bâtellerie considérables.

Ce sont les Savoyardes du Rhône qui se chargent de ce transport. Les Savoyardes du Rhône fonctionnent dans de mauvaises conditions, à la remonte à vide, et ce travail fait subir au charbon une élévation de 1 fr. 50 par tonnne.

Si vous diminuez ces prix de transport sur le Rhône, et qu'en même temps le chemin de fer consente à abaisser ses tarifs pour le parcours de Saint-Étienne à Givors, vous arriverez aisément à une différence de 2 fr. à 2 fr. 25 par tonne, et dans ces conditions la marine marchande, à Marseille, ne manquera jamais de fret de sortie.

D'où il résulte qu'il y a un intérêt puissant à ce que les Compagnies de chemin de fer n'écrasent pas cette batellerie appelée, comme vous le voyez, à rendre d'immenses services au pays.

Et nous avons l'honneur de vous demander formellement que vous exigiez un contrôle rigoureux sur les faits et gestes des Compagnies de chemin de fer, contrôle qui n'existe pas et qui, à l'avenir, les empêchera de faire à la batellerie cette concurrence haineuse et déloyale, par les tarifs différentiels et de détournement, ainsi que par les marchés clandestins dont il a été tant parlé, et dont je vous dévoilais l'existence il y a quelques instants.

Nous vous demandons, en outre, que l'amélioration de nos voies navigables soit confiée à des ingénieurs spéciaux qui, voués à ces travaux hydrauliques, puissent achever l'œuvre commencée par eux.

Le corps des ponts et chaussées est composé d'hommes très remarquables; mais au point de vue des travaux hydrauliques, à part quelques personnalités, à la tête desquelles il convient de placer M. Collignon, M. Krantz, l'ingénieur en chef de la basse Seine, M. Tavernier, directeur des travaux du Rhône, et quelques autres dont le nom m'échappe. Il faut avouer que cette administration n'a pas toujours été heureuse dans les travaux d'amélioration des fleuves et rivières, et je pourrais citer, entre autres, un cours d'eau fort important, qui fait partie de la grande ligne du Havre à Lyon, sur lequel les dix-neuf barrages déjà élevés ne peuvent probablement pas servir...

Cela provient, peut-être, de ce que messieurs les ingénieurs ne tiennent pas assez compte des enquêtes et des avis donnés dans ces enquêtes, par des hommes souvent au-dessous d'eux comme instruction, mais pratiques en la matière ;

Ou de ce que ces mêmes ingénieurs chargés de ces études ou de ces travaux, viennent souvent en prendre la direction après avoir passé de longues années attachés aux services des routes, ponts ou chemins de fer.

Ne trouvez-vous pas. Messieurs, qu'il serait préférable de choisir, parmi les ingénieurs des ponts et chaussées, les hommes les plus aptes aux travaux hydrauliques, et d'en faire un corps spécial, affecté aux améliorations des fleuves et rivières et à la construction des canaux?

Ceci est une simple observation, mais à laquelle nous pensons que vous prêterez une attention sérieuse.

.

Lorsque les fanatiques du libre échange le faisaient voter par le Corps législatif, ils ne comprenaient pas que ce libre échange donné brutalement, sans transition, allait compromettre bien des industries françaises; ils devaient se dire. qu'avant de lancer un pays dans une lutte gigantesque. il leur fallait mettre nos centres industriels à même de lutter, au moyen d'un réseau complet de canaux, de fleuves et de rivières canalisés, qui leur aurait permis de transporter à bas prix leurs combustibles, leurs matières premières, leurs produits. et par suite aurait empêché les marchandises étrangères de venir faire concurrence au commerce français jusqu'à moitié chemin du littoral et de la frontière, et le ruiner.

Voilà ce qu'ils auraient dû faire s'ils avaient songé que le transport à bas prix est une des causes de succès pour l'industrie, et s'ils s'étaient donné la peine d'étudier, à ce point de vue, des pays comme la Belgique, la Hollande, la Prusse, l'Angleterre et les Etats-Unis.

La France est admirablement partagée au point de vue hydrographique. et pourtant *elle ne possède encore aucune ligne sillonnant son territoire, soit de la Manche à la Méditerranée, soit du Rhin à l'Atlantique, pouvant être parcourue d'un bout à l'autre sans allége et même sans transbordement.*

Ainsi, tandis que l'uniformité presque absolue a présidé à l'établissement des chemins de fer, le réseau navigable ne se compose que de tronçons inégaux, à tirant d'eau variable, avec écluses différentes, à chômages mal combinés.

Par suite de leurs longs parcours, les chemins de fer usent contre nous des tarifs différentiels, et nous, dans l'état de délabrement de nos routes d'eau, nous ne pouvons leur rétorquer l'argument desdits tarifs différentiels.

Admettez-vous que dans de pareilles conditions nous puissions établir une concurrence durable? Evidemment ce n'est pas impossible, mais c'est difficile...

La situation de notre industrie est donc douloureuse... Elle mérite tout votre intérêt et votre sérieuse sympathie.

Ce que vous ferez pour elle, vous le ferez pour l'agriculture, l'industrie et le commerce de notre pays.

En effet, *le transport entre au moins pour un tiers dans la valeur de toute marchandise.*

Diminuer le prix de transport, c'est diminuer le prix des denrées, c'est résoudre, en un mot, le *problème de la vie à bon marché.*

Nous demandons en conséquence que tous les efforts du gouvernement se portent autant que possible sur cette unification de réseau, et que, soit dans les travaux à exécuter, soit dans ceux qui sont à l'étude, soit enfin dans les rectifications que l'on pourra entreprendre, l'administration ne perde pas de vue ce principe, que notre industrie si indispensable à la prospérité du pays ne vivra d'une vie puissante et forte qu'à la condition de pouvoir exploiter de longs parcours d'une façon utile.

Enfin, il y a pour la batellerie une question très grave, ce sont les droits de navigation.

Cette perception ne repose sur aucune raison solide...

Sur les routes de terre, le roulage ne paie pas d'impôt.

Sur les chemins de fer, la petite vitesse n'en paie pas non plus.

Et, étonnante anomalie, nous qui faisons du roulage, de la petite vitesse, nous simples rouliers, qui transportons les matières premières de l'agriculture et de l'industrie, les houilles, les engrais, etc., etc., nous sommes écrasés par des droits de navigation, droits de pilotage, etc., etc.

Nous qui ne recevons pas de subvention comme les chemins de fer, qui n'en *recevons aucune, nous payons l'impôt* !

Avouez que c'est là une réelle contradiction !

Et on se base, pour percevoir ces droits, sur les travaux qu'on doit exécuter pour l'amélioration de nos voies navigables.

Étrange ironie, n'est-ce pas ? jusqu'à présent, du moins !...

Vous m'objecterez que ces impôts ne s'élèvent pas à plus de trois millions cinq cent mille francs. C'est possible, mais je vous ferai observer, Messieurs, que le tonnage sur nos rivières est très restreint, que nos entreprises sont clairsemées, et que cependant l'une d'elles a payé cette année dernière plus de cent mille francs de droits.

Est-ce là un fardeau·insignifiant pour ces entreprises engagées dans des luttes inégales avec des Compagnies de chemins fer puissantes et riches?

Oui!... Nous devons être dégrevés de ces impôts, et nous le demandons au nom de l'équité, du droit commun, et dans l'intérêt de la prospérité générale du pays.

L'équilibre du budget ne sera pas rompu pour pareille somme, et cette somme de trois millions cinq cent mille francs, sera bien vite reconquise et au-delà par l'État, si, comme tout le fait espérer, notre industrie prend un accroissement réel et sérieux, et je ne puis m'empêcher de penser que sous le gouvernement impérial on n'hésitait pas, pendant que notre industrie agonisait, à faire inscrire au budget des crédits de quarante millions, irrécouvrables en fait, et on proposait des subventions définitivement perdues pour des chemins du quatrième réseau.

La question de dégrèvement de l'impôt des droits de navigation nous amène naturellement à parler du rachat des canaux concédés à des Compagnies particulières.

Ce qu'il y a réellement de surprenant, c'est que fort souvent la navigation de ces canaux (le canal de Beaucaire, par exemple), est grevée de tels droits qu'on les dirait calculés en vue d'assurer au chemin de fer le monopole des transports.

Il est urgent que cet état de choses cesse au plus tôt, et nous vous le signalons énergiquement, comme aussi nous signalons à toute votre attention ce traité honteux, obtenu par je ne sais quels moyens, qui a livré au chemin de fer le magnifique canal de Paul Riquet, le canal latéral ; qui a ruiné d'un seul coup cette population laborieuse des mariniers du canal du Midi. Aujourd'hui, grâce aux tarifs imposés par la Compagnie fermière, ces malheureux meurent de faim à côté de leurs instruments de travail, et laissent improductive cette magnifique artère créée par un homme de génie et de talent.

Nous appelons sur ces faits votre plus sérieuse attention.

Réfléchissez-y mûrement, notre fortune industrielle, commerciale, agricole, a été *livrée pour quatre-vingt dix-neuf ans aux tarifs souverains de six grandes Compagnies.*

L'Etat n'a pas eu même la prévoyance de se réserver le droit d'imposer légalement un abaissement de tarifs.

Si la navigation intérieure n'est pas *secourue* à tout prix, le monopole des chemins de fer n'aura plus de contrepoids.

Et vous verrez, Messieurs, ce que deviendront notre industrie, notre agriculture et notre commerce !

Mais, m'objecterez-vous avec raison, la question financière est une terrible question.

Monsieur le ministre des travaux publics sous le régime déchu, lorsque nos plaintes se produisaient, montait à la tribune et renvoyait la balle à son collègue des finances, qui avait soin de ne pas la relever.

J'avoue qu'aujourd'hui le ministre des travaux publics a beaucoup plus de raisons sérieuses à nous opposer que les autres ministres, qui n'en avaient aucune, sinon leur prédilection et leur favoritisme absolu et inintelligent pour les chemins de fer.

Nous savons, hélas, qu'il y a cinq milliards à payer.

Mais nous savons aussi que pour les payer, il faut que l'industrie, l'agriculture et le commerce viennent au secours de l'Etat, et nous croyons vous avoir suffisamment prouvé que les voies navigables pouvaient doubler la production, si ces voies étaient énergiquement mises en état, réparées, si elles formaient enfin un vaste réseau régulier étendant ses bras protecteurs dans tous les grands centres industriels, agricoles et commerciaux, et nous croyons que notre cause est intimement liée à la prospérité de la France.

Eh bien ! sous l'empire, poussé par quelques amis haut placés, il m'était arrivé de dire :

« Vous vous plaignez de n'avoir pas d'argent pour
« exécuter vos travaux hydrauliques ?... Que vous
« m'assuriez le remboursement *dans x années* des
« sommes avancées, l'intérêt pendant ce laps de temps
« à *x* p. 100, avec le droit d'émettre des obliga-
« tions, comme nous le jugerons convenable, nous
« nous chargeons soit par nous, soit par nos amis,
« par les industries, villes ou départements y intéres-
« sés, à trouver les ressources nécessaires pour exé-

« cuter sur les devis dressés par vos ingénieurs, sous
« le haut contrôle de l'Etat, tous les travaux jugés
« utiles, indispensables , urgents, pour rendre les
« grandes lignes de navigation praticables. »

Cette combinaison n'entrait pas dans les vues du ministre, et comme nous n'étions que de simples travailleurs, des lutteurs méconnus de la batellerie, on se contentait de sourire, dans les bureaux surtout, et malgré tout le sérieux de propositions semblables, malgré l'importance des gens que nous avions derrière nous, nous étions forcés de nous en aller en déplorant amèrement le système de parti pris en France d'écarter toute idée intelligente, parce qu'elle vient d'un humble lutteur, et d'accepter à bras ouverts tout ce qui venait de haut, quelle que fût la moralité de l'opérateur et des gens qui la dirigeaient.

Je me dispense de citer ; les exemples sont trop nombreux et trop récents.

Aujourd'hui je viens courageusement vous indiquer cette voie : voie qui n'est pas nouvelle, que nous avons vu en partie mettre en usage pour les travaux de la Sarre et de la Moselle, mais qu'on s'est bien gardé d'employer pour le Rhône, par exemple, parce que le Rhône est une voie de long parcours, et que, bien organisée, elle doit faire au chemin de fer de Lyon-Marseille une concurrence utile à tous les intérêts généraux.

Et cependant, quoi de plus utile à notre pays que ces deux grandes lignes du Havre à Marseille, par la Seine, l'Yonne, le canal de Bourgogne, la Saône et le Rhône, et celle de la Suisse, de l'Est et de la Franche-

Comté par le canal du Rhône au Rhin, la Saône et le Rhône.

Ce n'est pas seulement une question d'intérêt purement local, mais encore la condition *sine qua non* qui conservera à la France le transit international et par suite à nos deux premiers ports maritimes, le Havre et Marseille, leur prospérité.

En effet, dans quelques années, quatre nouvelles voies seront ouvertes en concurrence avec la voie de France Paris-Lyon, Strasbourg-Lyon-Marseille.

Actuellement déjà, la marchandise de la Suisse allemande, de la Prusse rhénane, de l'Alsace, échappe au transit français et par les ports du Nord, Hambourg et Anvers, etc., et par les chemins de fer allemands, Munich, Inspruck, le Brenner, Venise, Trieste ou Brindisi.

Lorsque le Saint-Gothard sera percé, lorsque le Simplon et le Mont-Cenis seront livrés à l'exploitation, la concurrence s'établira encore plus sérieuse et plus redoutable pour la France, et Marseille, notre premier port, verra sa splendeur diminuer rapidement.

Mais le jour où le canal de Saint-Louis sera accessible, où par le Rhône, la Saône et les canaux améliorés, les marchandises pourront se rendre à l'aide d'une batellerie sérieuse et puissante, et au prix moyen d'un centime et demi par tonne et par kilomètre, soit vers la Seine, soit vers le Rhin, et *vice versâ,* ce jour-là un mouvement commercial immense, inappréciable, remplacera le trafic limité d'aujourd'hui, et la France redeviendra maîtresse absolue du transit qui, de la Belgique, de la Prusse, de la Suisse et de l'Allemagne centrale se dirigera vers la **Méditerranée**, l'Espagne, l'Algérie, le Levant et les Indes, et réciproquement.

Hâtez donc ce moment, Messieurs : vous en comprenez, je suis sûr, toute l'importance.

Plus d'hésitation dans la voie du progrès.

Les travaux qui doivent mettre en exploitation régulière ces deux grandes lignes que je viens de vous citer, doivent s'élever, si notre mémoire ne nous fait défaut, à près de quatre-vingt millions.

Nous vous demandons en grâce de ne rien négliger pour activer les travaux qui, bien menés, peuvent être complétés dans un délai de moins de cinq ans.

Et nous vous supplions si, les fonds manquant à l'Etat, des propositions similaires à celles dont je vous parlais tout à l'heure vous étaient présentées, comme nous en sommes à peu près certains, de ne pas leur réserver le sort qu'elles ont eu sous l'empire, et de leur prêter votre concours le plus absolu.

Nous avons donc l'honneur de vous demander :

1° Un contrôle rigoureux sur les chemins de fer, qui les arrête, dans la concurrence déloyale faite à nos industries de transports par les tarifs différentiels, de détournement, traités clandestins, et ce contrairement à la justice et à l'esprit de leurs cahiers des charges ;

2° Le service hydraulique réservé à des ingénieurs spéciaux qui y resteraient toujours attachés ;

3° Le dégrèvement des droits de navigation, droits de pilotage, etc.

4° **Le rachat des canaux qui n'appartiennent pas à**

l'Etat et la résiliation de certains baux qui mettent certaines de ces artères entre les mains de gens intéressés à anéantir la navigation ;

5° Enfin l'admission de ce principe, que, pour tous les travaux hydrauliques, comme pour le rachat des canaux :

L'Etat pourra accepter les offres d'initiative privée et individuelle, pourvu que toutes les garanties lui soient données de l'exécution des engagements pris envers lui par des entrepreneurs présentant eux-mêmes la combinaison financière, ou par des bailleurs de fonds spéciaux.

Veuillez agréer, Messieurs, l'expression des sentiments distingués avec lesquels je suis

Votre très obéissant serviteur,

P. DE MONTGAILLARD

Administrateur-Directeur de la *Compagnie générale fluviale et maritime,*

Paris, rue Blanche, 6.

Paris. — Imprimerie Alcan-Lévy, rue Lafayette 61.